생각의 뿌리

글 **이모령**

아이들이 예리한 눈과 따뜻한 마음을 함께 기를 수 있는 책들을 기획하고 만드는 어린이책 기획자로 오랫동안 일해 왔어요. 가끔은 어린이 인문학 책과 동화를 쓰기도 해요. 《생각의 뿌리》는 아이들이 자신을 잃지 않으면서도 이루고 싶은 꿈을 향해 나아갈 수 있는 생각의 방식이 무엇인지 탐색하고 그 생각의 방식을 배우고 실천할 수 있도록 돕기 위해 수많은 검증된 연구 결과를 바탕으로 썼어요. 지은 책으로는 《생각하지 않는 죄》, 《K-어린이의 질문》, 《그 무엇보다 소중한 나》, 《공부가 되는 세계사》 등이 있습니다.

생각의 뿌리

초판 1쇄 인쇄 2025년 06월 23일 초판 1쇄 발행 2025년 07월 15일

글 이모령

펴낸이 이상순   주간 서인찬   영업지원 권은희   제작이사 이상광

펴낸곳 (주)도서출판 아름다운사람들   주소 (10881) 경기도 파주시 회동길 103
대표전화 031-8074-0082   팩스 031-955-1083

이메일 books777@naver.com   홈페이지 www.book114.kr

ISBN 978-89-6513-824-2   73300

이 책의 저작권은 도서출판아름다운사람들에 있습니다.
저작권법에 의하여 보호를 받는 저작물이므로 무단전재와 복제를 금합니다.

이 도서의 국립중앙도서관 출판예정도서목록(CIP)은 서지정보유통지원시스템(http://seoji.nl.go.kr)과 국가자료종합목록구축시스템(http://kolis-net.nl.go.kr)에서 이용하실 수 있습니다. (CIP제어번호 : CIP2020046116)

사진출처:Wikipedia commons

되고 싶은 나를 만드는 생각의 방식
내 생각은 선택할 수 있어.

글 이모령

생각의 뿌리

아름다운사람들

차례

프롤로그 어떤 생각이 되고 싶은 나를 만들까? · 7

1. 내 능력은 얼마든지 발전할 수 있어 · 11
　　가능성 중심 사고

2. 함께 하면 파이는 키울 수 있어 · 27
　　협력적 사고

3. 내 삶을 결정할 힘이 내게 있어 · 41
　　자기 주도적 사고

4. 다른 사람도 나만큼 최선을 다하고 있어 · 57
　　이해 중심 사고

5. 불편한 말도 듣고, 옳은 말도 다시 생각할 거야 · 73
　　비판적 사고

6. 나는 내 생각을 들여다볼 수 있어 · 89
　　메타인지

에필로그 생각을 선택하는 사람 · 101

프롤로그

어떤 생각이
되고 싶은 나를 만들까?

누구에게나 저마다의 재능이 있습니다. 어떤 사람은 그림을 잘 그리고, 어떤 사람은 타인의 마음에 깊이 공감합니다. 어떤 사람은 수학 문제를 푸는 순간 빛나고, 어떤 사람은 주위 사람을 웃음 짓게 만드는 재능이 있습니다. 그런데 비슷한 재능을 가졌어도 전혀 다른 삶을 살아가기도 합니다. 한 사람은 자신의 재능을 믿고 당당히 꿈을 향해 나아가며 빛나는 성취를 이루지만, 다른 한 사람은 주저앉고 포기하며 자신을 점점 작게 만들고 맙니다.

도대체 무엇이 이 차이를 만들어내는 걸까요?

심리학자와 교육학자, 그리고 신경과학자 등, 많은 학자가 오랫동안 이 질문을 탐구해 왔습니다.

왜 어떤 사람은 실패조차 성장의 디딤돌로 삼아 재능을 활짝 피우며 나아가고, 또 어떤 사람은 비슷한 능력을 가졌음에도 불안과 두려움에 가로막혀 자신의 가능성을 끝까지 펼치지 못하는 걸까요?

왜 어떤 사람은 높은 재능을 가지고도 자신의 재능을 충분히 펼치지 못하고, 왜 또 다른 사람들은 평범한 재능을 가지고도 자신의 잠재력을 최대한 발휘해 빛나는 성취를 이룰까요?

수많은 연구 결과, 이 차이는 단순히 타고난 '재능'의 문제가 아니라는 사실이 드러났습니다. 우리가 살아가는 환경, 타고난 지능, 성격적 특성보다 훨씬 더 중요한 영향을 주는 것이 있었습니다. 바로 '나 자신을 어떻게 바라보는가', 그리고 '세상을 어떻게 해석하고 받아들이는가'라는 '생각의 방식'이 삶의 차이를 결정지었습니다. 즉, 나 자신을 바라보는 생각의 방식과 세상을 바라보는 생각의 방식이 삶의 방향을 결정짓는 핵심이었던 것이죠. 그 생각의 방식은 어떤 것일까요? 어떤 생각의 방식이 우리의 재능과 가능성을 최대한 발휘하게 할까요? 어떤 생각이 되고 싶은 나를 만들까요? 그 생각의 방식을 하나하나 살펴볼 준비 됐나요?

1

내 능력은
얼마든지 발전할 수 있어

가능성 중심 사고

누군가는 어려운 문제를 만나면 "나는 못해"라며 금세 포기합니다. 반면, 어떤 사람은 "지금은 어렵지만, 더 배우면 잘할 수 있어"라며 끝까지 도전합니다. 같은 상황인데 왜 이런 차이가 생길까요? 심리학자 캐롤 드웩은 이 차이가 단지 '능력' 때문이 아니라, '자신의 능력을 바라보는 생각'에서 비롯된다고 말합니다.

심리학자 캐롤 드웩과 그녀의 연구팀은 '사람의 능력은 과

연 바뀔 수 있을까?'라는 질문을 중심으로, 학생들이 각기 다른 '생각의 방식'을 가질 때 같은 문제를 어떻게 다르게 받아들이고 반응하는지를 살펴보는 실험을 진행했습니다.

첫 번째 그룹

이들은 사람의 능력은 타고나는 것이고, 크게 달라질 수 없다고 믿는 학생들이었습니다. 그래서 실수나 실패는 곧 자신의 부족함이 드러나는 증거라고 여겼습니다. 실패를 두려워했고, 자신이 잘하는 일만 하고 싶어 했습니다.

두 번째 그룹

이들은 사람의 능력은 노력과 배움을 통해 얼마든지 달라질 수 있다고 믿는 학생들이었습니다. 실수나 실패는 더 나은 자신으로 나아가기 위한 과정이라 생각했습니다. 틀려도 괜찮다고 여기며, 오히려 어려운 문제를 더 깊이 고민했습니다.

두 그룹의 학생들에게 쉬운 문제 8개와 어려운 문제 4개, 총 12문항을 주고 풀게 했습니다. 총 12문항을 푸는 동안 두 그룹은 전혀 다른 반응을 보였습니다.

첫 번째 그룹은 처음에는 쉬운 문제를 잘 풀며 자신감을 보였습니다. 어려운 문제에 막히자 크게 좌절했습니다. "나는 역시 이런 걸 못해", "내 머리는 안 좋아"라는 혼잣말을 했습니다. 이런 식으로 스스로를 평가절하하며 곧 문제를 대충 풀거나 아예 포기했습니다. 실제로 이 학생들은 자신이 몇 문제를 맞혔는지조차 정확하게 기억하지 못했고, 자신이 맞춘 문제도 훨씬 적게 맞췄다고 생각했습니다. 시험이 끝난 뒤 "나는 실패한 것 같아"라고 말했습니다.

반면, 다른 그룹의 학생들은 쉬운 문제도 풀었지만, 어려운 문제에서도 포기하지 않았습니다. "이건 어렵지만 도전할 만해", "좀 더 생각해보자"라고 말하며 오히려 더 집중했고 더 열심히 고민하고 새로운 방법을 시도했습니다. 시험이 끝난 후에도 정확히 몇 문제를 맞히고 틀렸는지 기억했고, "이번 시험 덕분에 많이 배웠어"라고 말했습니다.

같은 시험, 같은 난이도였지만 두 그룹의 반응과 결과는 뚜렷하게 달랐습니다. 그 차이는 '실패를 어떻게 해석하느냐'에서 비롯된 것이었습니다. 실패를 자신의 부족함이 드러난 부끄러운 일로 여긴 학생들은 자신감을 잃고 쉽게 포기했습니다. 반면, 실패를 더 배우기 위한 과정으로 받아들인 학생들은 도전의 기회를 놓치지 않았고, 문제를 깊이 있게 탐색하며 더 큰 성장을 이루었습니다. 실패 앞에서 움츠러들 것인지, 아니면 그것을 발판 삼아 앞으로 나아갈 것인지는 결국 그 사람이 가진 '생각의 방식'에 달려 있었습니다.

이 실험은 단순히 문제 풀이 능력을 보는 게 아니었습니다. 실패를 대하는 태도, 배움을 바라보는 마음가짐, 자신을 믿는 방식이 결과에 얼마나 큰 차이를 만들어내는지를 보여주는 강력한 증거였습니다. 실패 앞에서 사람들은 두 가지 방향으로 나뉩니다.

"아, 나는 안 되는 사람이야…."

"이번엔 안 됐지만, 다시 해보면 달라질 수 있어."

같은 상황, 같은 문제, 하지만 '생각의 차이'는 결국 '삶의 방향'까지 바꿨습니다. 처음엔 비슷한 실력을 가지고 있었지만 자신이 가진 생각에 따라 시간이 갈수록 차이는 점점 커졌습니다. 차이를 만든 건 능력이 아니라 '자신의 능력은 노력에 따라 얼마든지 발전할 수 있다고 믿는 생각'이었습니다.

심리학자 캐롤 드웩이 수많은 학생을 오랫동안 관찰하고 실험하며 내린 중요한 사실은, 자신의 능력은 노력과 학습을 통해 얼마든지 발전할 수 있다고 믿는 아이들은 실패를 두려워하지 않았고, 어려움 앞에서 포기하지 않았으며, 시간이 지날수록 실제 성과도 크게 향상되었습니다. 이 아이들은 실패를 '자신이 부족해서가 아니라 '성장하는 과정 중 하나'로 받아들입니다. 그래서 도전을 계속할 수 있었고, 그 노력 속에서 진짜 실력이 만들어졌습니다.

사람들은 궁금해 합니다. 겉보기엔 평범한데 어떤 사람은 놀라운 성과를 이루고, 반대로 재능이 충분한데도 왜 자신의 능력을 끝까지 발휘하지 못할까? 연구를 통해 입증된 이유는 놀랍게도 '얼마나 똑똑하냐'보다 '사람은 바뀔 수 있다고 생각하느냐, 그렇지 않느냐'에 달려있었습니다.

좋게 보이고 싶다, 배우고 싶다.

실제로 많은 사람들은 '좋게 보이고 싶다'라는 마음과 '배우고 싶다'라는 마음 사이에서 갈등합니다. 실수하면 창피할까 봐, 틀릴까 봐, 시도조차 하지 않을 때도 많지요. 하지만 대부분의 배움은 실수와 실패를 통해 일어납니다. 우리가 어떤 생각을 하느냐에 따라 이 실패는 아예 피하고 싶은 일이 되기도 하고, 더 나은 내가 되기 위한 과정이 되기도 합니다.

자신이 바뀔 수 없다고 믿는 사람은 실패를 자기 전체로 받아들입니다. '나는 안 되는 사람이야', '나는 원래 이래', 이런 생각은 실패를 단순한 '실패'가 아니라, 자신이 무가치하다는 증거처럼 느낍니다. 새로운 도전을 피하게 만들고, 노력을 포기하게 만듭니다. 반대로, 사람은 바뀔 수 있다고 믿는 사람은 실패를 자신을 점검할 기회로 봅니다. '이번엔 어려웠지만 다음엔 더 잘할 수 있어', '여기서 배울 게 있어' 이런 생각은 끈기와 열정을 만들어냅니다. 그런 태도가 성취의 원동력이 됩니다.

사회학자 로버트 머튼은 이런 현상을 '자기 충족적 예언'이라고 불렀습니다. 나는 안 될 거야라고 믿으면 그 믿음대로 행동하게 되고, 결국 진짜로 안 되는 결과가 찾아온다는 것입니다. 처음엔 단지 생각이었을 뿐인데, 그 생각이 현실을 조종하기 시작한 거죠.

'어차피 안 돼 ⇒ 시도하지 않음 ⇒ 실패 ⇒ 역시 안 됨 ⇒ 더 깊은 확신', 이런 악순환은 자기 가능성을 스스로 가두는 감옥이 됩니다.

뇌 과학도 이 생각을 지지합니다. 한때 과학자들은 뇌는 어릴 때 완성되고 고정된다고 믿었습니다. 하지만 지금은 다릅니다. 뇌는 생각과 훈련에 따라 유연하게 바뀐다는 사실이 밝혀졌습니다. 이걸 '신경가소성'이라고 합니다. 실패에도 계속 시도하고, '나는 성장할 수 있다'라고 생각하는 사람은 실제로 뇌의 연결

구조가 더욱 정교해져서 학습 능력, 문제 해결력, 감정 조절력까지 향상됩니다. 즉, '나는 변할 수 있다'라는 생각은 실제로 뇌를 바꾸는 강력한 힘입니다.

'사람은 바뀔 수 있다, 없다'라는 두 가지 생각의 방식은 단지 공부나 일에서만 영향을 미치는 게 아닙니다.

두 생각의 차이는 사람을 바라보는 방식에도 차이를 보입니다. 사람이 바뀔 수 없다고 믿는 사람은 세상을 '가진 사람'과 '못 가진 사람'으로 나누어 봅니다. 누군가가 어떤 일을 잘하면, '저 사람은 원래 잘하는 사람이야'라고 생각하고, 누군가가 실패하면, '역시 저 사람은 안 되는 사람이야'라고 쉽게 단정합니다. 이런 사람들은 능력과 재능이 고정되어 있다고 믿기 때문에, 다른 사람의 잠재력이나 변화 가능성을 보지 못합니다. 자기 자신뿐 아니라 타인도 '한 번의 결과'로 판단하고, 그 판단이 바뀔 수 있다고는 거의 생각하지 않습니다. 그래서 누군가가 성공하면 '능력을 가진 사람', 실패하면 '능력을 못 가진 사람'이라는 영구적인 꼬리표를 붙이듯 평가해 버리는 경향이 있습니다.

반면, 사람은 바뀔 수 있다고 믿는 사람은 누군가의 현재 모습보다 앞으로 어떻게 달라질 수 있을지를 봅니다. 누군가가 실수하거나 부족한 모습을 보여도, 그 사람 안에 잠재력과 변화 가능성이 있다는 걸 믿습니다. 그래서 성장을 돕고 기다려줄 수 있고, '아직'이라는 시간의 가능성을 존중하며 사람을 대합니다.

결국, 자신을 어떻게 바라보느냐는 생각의 방식은 타인을 바라보는 눈에도 그대로 드러납니다. 자신이 변할 수 있다고 믿는 사람은 다른 사람에게도 그 가능성을 열어두는 법을 압니다. 다른 사람과 비교하며 '나는 뭐가 부족해'라는 생각에 빠지는 대신, '지금 여기서 내가 어떤 걸 배울 수 있을까?'를 묻는 사람은 자신의 속도로 더 단단하게 성장해 나갑니다. 중요한 것은 현재 잘 하느냐가 아니라, 더 나아지려는 마음이 있느냐입니다.

행동은 무엇이 만들까? : 자기효능감

생각만 많고 행동하지 않은 경험이 있나요? 삶은 좋은 생각을 떠올리는 것만으로는 충분하지 않죠. 행동해야 결과를 만들어낼 수 있으니까요. 그러면 우리의 행동을 만들어내는 동력은 무엇일까요?

대부분의 실행은 자기신뢰에서 출발합니다. 이 신뢰는 단순한 낙관이 아니며 그저 "나는 할 수 있다"라는 근거 없는 자신감도 아닙니다. 이 신뢰는 '나라는 존재는 믿을 만하다', '나는 부족하지만, 괜찮다', '나는 실수해도 다시 일어설 수 있다'라는 믿음이며 앞으로의 나를 가능성 있는 존재로 인정하는 판단입니다. 심리학에서는 이를 '자기효능감'이라 부릅니다. 심리학자 앨버트 밴두라는 자기효능감을 인간 행동의 강력한 원동력이라고 강조했습니다. 앨버트 반두라는 자기효능감을 이렇게 정의했습니다.

'자신이 특정 과제를 성공적으로 수행할 수 있다는 믿음' 즉, 사람이 어떤 일을 시도하고 지속할 수 있는가를 결정짓는 핵심 요인은 그 일이 가능한지 보다 자신이 그것을 해낼 수 있다고 '믿는가'에 달려있다는 것입니다. 자기효능감이 높은 사람은 실패를 일시적인 과정으로 보고 스스로를 믿고 꾸준히 도전하며 문제를 해결해 나간다고 설명했습니다. 반대로 자기효능감이 낮은 사람은 작은 실패도 자신 전체에 대한 부정으로 받아들이고 자기 능력을 의심하며, 작은 장애물에도 쉽게 위축되고 시도 자체를 꺼리게 됩니다.

대부분의 선택과 시도는 '나는 나를 믿어볼 수 있어'라는 자기신뢰의 토대 위에 세워져 있습니다. '내 능력은 노력으로 얼마든지 발전할 수 있다', '나는 불완전하지만, 시도할 수 있다', '나는 실수할 수 있지만, 회복할 수 있다', '나는 확신이 없어도, 한 걸음 내딛을 수 있다', '나는 배워나가며 원하는 삶을 만들어갈 수 있다', 이것이 자기효능감의 핵심입니다. 어떤 시도와 도전을 나에 대한 평가가 아니라 나에게 주는 기회라고 생각하는 겁니다. 하지만 자기신뢰는 노력 없이 생기지 않습니다. 작은 경험의 축적, 성공과 실패의 해석 방식, 자신을 바라보는 태도 속에서 자라납니다. 따라서 자기신뢰를 기르기 위해 필요한 것은 경험을 해석하는 방식, 실패를 바라보는 시선, 스스로에게 해주는 언어의 훈련입니다.

시험에서 좋은 점수를 받지 못했을 때 '나는 역시 못하는 사람이야'라고 생각한다면 그 경험은 자기불신으로 이어집니다. 반대로 '내가 이 부분은 아직 익숙하지 않구나. 다음엔 이걸 보완을 해야겠다'라고 해석하면, 그 경험은 나를 자라게 하는 발판이 됩니다. 즉, 경험 그 자체보다, 같은 경험이라도 어떻게 해석하느냐에 따라 나를 더 믿게 만들 수도 있고, 더 의심하게 만들 수도 있다는 것입니다.

'나는 또 실패했다'가 아니라 '나는 여기까지 해냈다', '나는 발전하고 있어' 이런 해석이 쌓일 때, '나는 못해'가 아니라 '나는 아직 못해', '나는 부족하다'가 아니라 '나는 아직 배우는 중이다'처럼 스스로에게 건네는 말이 바뀔 때, 자기신뢰를 키우고 비로소 우리는 생각을 선택하고 실천으로 나아갈 수 있습니다.

심리학자들은 자신에게 건네는 말 즉, 자기와의 대화가 노력의 강도와 실제 성과에 긍정적인 영향을 준다는 사실을 4만 4천 명이 넘는 사람들을 대상으로 한 연구에서 밝혀냈습니다. 자기대화를 잘하는 사람일수록 도전 앞에서 더 오래 버티고, 더 깊이 고민하고, 더 멀리 나아간다고 합니다.

자기대화를 잘하는 사람은 마음속에서 자신과 나누는 말이 다릅니다. 그 말은 스스로를 다그치기보다는 믿어주고 지지하는 말, 포기하기보다 한 번 더 해보자고 등을 떠미는 말이 됩니다.
예를 들어,

"이건 나한테 좀 어렵지만, 전보다 훨씬 나아졌어."

"아직 익숙하지 않아서 그렇지, 계속하면 분명 더 나아질 거야."

"지금은 잘 안 돼도, 이 과정을 통해 내가 배우고 있는 게 분명 있어."

"지금 힘든 건 당연해. 그만큼 내가 성장하고 있다는 증거야."

"지금 포기하고 싶은 건 두려워서야, 정말 못 해서가 아니야."

"나는 완벽하지 않아도 괜찮아. 중요한 건 계속해보는 거야."

"이번엔 실패했지만, 이걸 통해 다음엔 더 잘할 수 있을 거야."

이런 자기대화는 단순한 위로가 아니라, 자기신뢰를 회복시키고 도전을 이어가게 만드는 마음의 동력이 됩니다.

자신을 믿는다는 것은 단순히 '자신을 좋아한다'거나 '자존감이 있다'는 말과는 다릅니다. 진짜 자기신뢰는 어떤 과제나 상황 앞에서도 스스로를 믿고 행동할 수 있는 용기에서 드러납니다. 자기에 대한 믿음과 자존감은 감정의 상태에 머무르지 않습니다. 진정한 자기신뢰는 반드시 행동으로 이어지며, 자신을 믿는 사람일수록 더 자주, 더 용감하게 움직입니다. 아무리 훌륭한 생각도, 자신을 전혀 믿지 않는다면 선택되지 않습니다.

'나는 나를 믿어볼 수 있어', '내 능력은 노력으로 계속 발전할 수 있어'라는 자기 가능성을 믿는 생각의 방식은 모든 선택과 행동의 출발점이자, 성장을 가능하게 만드는 가장 중요한 생각의 뿌리입니다.

함께 하면
파이는 키울 수 있어

협력적 사고

'의자놀이', 어릴 적 누구나 한 번쯤 해봤을 거예요. 음악이 흘러나오고, 아이들은 웃으며 의자 주위를 돌죠. 하지만 음악이 멈추는 순간, 분위기가 바뀝니다. 순식간에 모두가 빈 의자 하나를 향해 달려듭니다. 누군가는 앉고, 누군가는 밀려납니다. 의자는 점점 줄고, 경쟁은 점점 치열해지죠. 결국 한 명만이 살아남고, 나머지는 탈락합니다. 이 단순한 놀이는 아이들에게 한 가지 메시지를 심어줍니다.

"자리는 한정돼 있고, 누군가가 차지하면 나는 밀려난다."

그리고 그 메시지는 종종 어른이 되어서도 사라지지 않습니다. 학교에서, 입시에서, 직장에서, 인간관계에서까지 우리는 여전히 의자 하나를 차지하기 위한 경쟁을 하고 있습니다. 하지만, 이렇게 생각 할 수는 없을까요?

"왜 의자는 점점 줄어야만 할까?"
"왜 누군가가 앉으면, 다른 누군가는 꼭 밀려나야 할까?"
"우리가 의자를 더 만들면 안 될까?"
"다 함께 앉을 수는 없을까?"

이 질문은 단지 놀이에 대한 것이 아닙니다. 세상을 바라보는 근본적인 태도에 대한 질문입니다.

"파이는 정해져 있어" : 경쟁 중심 사고

의자놀이는 '제로섬 사고'의 상징과도 같습니다. 제로섬 사고는 누군가가 이득을 보면, 다른 누군가는 반드시 손해를 본다고 생각하는 방식입니다. 전체의 이익은 고정되어 있다고 여기기 때문에, 남이 잘되면 내가 손해 보는 것 같고, 내가 얻으려면 남의 것을 빼앗아야 한다고 믿는 경쟁 중심 사고방식입니다. 세상의 자원과 기회는 고정돼 있고, 누군가가 더 가지면 나는 덜 가질 수밖에 없다는 전제 위에 세워진 사고방식이죠. 이 세계관에서는 모든 것이 경쟁입니다. 이런 사고에 빠진 사람은 세상을 의자 하나를 더 빨리 차지하기 위한 트랙으로 이해합니다. 옆에 있는 사람은 동료가 아니라 경쟁자, 협력은 여유 있는 사람의 낭만이자, 손해 보는 선택처럼 느껴집니다.

이런 제로섬 사고는 불안과 위축, 자기 의심을 낳습니다. 누군가의 성공은 내 실패처럼 느껴지고, 친구의 성장은 나의 위기로 다가오며, 실패는 배우는 과정이 아니라 내 존재 자체를 의심하게 만듭니다. 이런 생각이 깊게 자리 잡으면 누구도 진정한 만족이나 안정감을 느끼기 어렵습니다. 승자마저도 다음 경쟁을 두려워하게 됩니다.

"파이는 키울 수 있어" : 협력 기반 사고

하지만 어떤 사람은 다르게 생각합니다. 그들은 세상을 고정된 크기의 파이가 아니라, 함께 만들고 확장할 수 있는 창조적 관점에서 바라봅니다. 협력하면 얼마든지 파이를 키울 수 있다고 생각합니다.

"우리가 함께 의자를 더 만들면, 모두가 앉을 수 있어."

"다 함께 앉을 수 있는 원형 테이블을 만들 수도 있잖아."

"기회는 나눠서 줄어드는 게 아니라, 함께 키우면 더 많아질 수 있어."

이런 생각은 단순히 이상적인 말이 아닙니다. 현실에서도 수많은 사람들이 그것을 증명해 왔습니다. 협력적 사고는 단순히 '경쟁하지 말자'라는 말이 아닙니다. 진짜 중요한 건, 경쟁을 어떻게 바라보느냐입니다. 다른 사람과의 경쟁을 이기기 위한 싸움이 아니라, 서로를 성장시키는 자극으로 바꿀 수 있을 때, 우리는 훨씬 더 멀리 갈 수 있습니다.

예를 들어, 친구와 함께 공부하면서 서로 설명을 통해 더 깊은 이해에 도달하고, 혼자서는 도전하기 어려운 프로젝트도 여럿이 함께하면서 완성해 내고, 다양한 아이디어를 나누며 문제 해결 방법과 창의력의 폭을 넓혀갈 수 있죠.

협력은 그냥 착한 말이나 추상적인 이상이 아닙니다. 협력은 실제로 성과를 만들어내는 전략입니다. 협력적 사고가 단지 이상적인 말이 아니라, 실제 성과를 만드는 강력한 전략이라는 사실을 증명해주는 대표적인 사례들이 있습니다.

1970년, 아폴로 13호는 달 탐사 도중 산소 탱크가 폭발하는 치명적 사고를 겪었습니다. 우주비행사들의 생명을 살리기 위해 NASA는 각 부서, 연구자, 기술자들이 모든 정보를 공유하고 함께 문제 해결에 나서는 협력적 구조를 선택했습니다.

수많은 전문가가 '누구의 책임인가'가 아니라 '어떻게 살릴 것인가'에 집중하며 함께 머리를 맞댔고, 기적처럼 세 명의 우주인을 무사히 지구로 귀환시켰습니다. 이 사례는 경쟁보다 협력이 훨씬 복잡한 문제를 효과적으로 해결할 수 있다는 대표적인 예입니다.

MIT 학생들이 참여한 자율 주행차 대회에서 처음에는 서로의 기술을 숨기며 경쟁적으로 임했지만, 프로젝트 진행 중 서로의 실패를 보고 아이디어를 공유하게 되면서 자연스럽게 팀 간 협력이 생겨났습니다. 결과적으로 혼자 준비했던 학생들보다, 서로

조언을 주고받은 팀들이 훨씬 더 완성도 높은 자율주행 시스템을 만들었습니다. 경쟁에서 협력으로 전환했을 때 기술의 완성도와 실현 가능성이 더 높아졌다는 기술 분야의 사례입니다.

핀란드는 한때 교육 성취도가 낮았지만, 경쟁 중심 교육을 줄이고 협력 중심 수업을 도입하면서 놀라운 변화가 일어났습니다. 학생들은 시험 성적이 아니라 함께 문제를 해결하는 능력을 평가받았고, 교사들도 서로의 수업을 공유하며 함께 성장하는 방식으로 바뀌었습니다. 그 결과, 핀란드는 국제학업성취도평가(PISA)에서 세계 최상위권의 성과를 기록했고, 학생들의 행복지수 또한 매우 높아졌습니다. 협력이 아이들의 성적뿐 아니라 창의성, 행복감까지 키운 대표 사례입니다.

에스테르 뒤플로의 행동경제학 연구에서는, 청소년들이 함께 목표를 설정하고, 서로에게 동기 부여를 줄 수 있는 환경을 만들었을 때 출석률, 성취, 진로 의식까지도 유의미하게 상승했습니다. 파이는 확실히 협력 속에서 더 커졌던 것입니다.

조금 더 재밌는 연구 결과도 있습니다. 바로 '구글'이 진행한 대규모 연구, '아리스토텔레스 프로젝트'입니다.

구글은 "어떤 팀이 가장 뛰어난 성과를 내는가?"라는 질문에 답을 찾기 위해 수년간 사내 여러 팀의 특성과 결과를 분석했습니다. 처음에는 '가장 똑똑한 사람들로 구성된 팀'이 최고일 거라고 예상했지만, 연구 결과는 완전히 달랐습니다.

가장 성과가 좋은 팀은, 실력이 뛰어난 구성원이 많은 팀이 아니라 서로를 존중하고, 마음 편히 의견을 나눌 수 있는 팀이었습니다. 즉, 핵심은 '심리적 안전감'이었죠. 심리적 안전감이 높은 팀은 실수를 숨기지 않고 솔직하게 공유할 수 있었고, 엉뚱해 보이는 아이디어라도 비난받을 걱정 없이 자유롭게 제안할 수 있었습니다. 이런 팀 안에서는 자유로운 대화와 협력적 문제 해결이 자연스럽게 이루어졌고, 그 결과 더 창의적이고 지속 가능한 성과가 나왔습니다.

이 연구 이후, 구글은 팀의 생산성을 높이기 위해 성과보다 먼저 '관계와 분위기'를 설계하는 문화를 조직 전반에 도입했고, 이로부터 지메일(Gmail), 구글 드라이브, 미트(Meet) 등 다양한 혁신 제품들이 탄생했습니다. 결국 이 프로젝트는 "혼자 잘하는 사람보다, 함께 잘하는 팀이 더 강하다", "함께 잘하는 팀을 위해서는 자신의 의견을 눈치 보지 않고 편하게 말할 수 있는 환경이 중요하다"라는 협력적 사고의 가치를 실리콘밸리 한복판에서 입증한 사례였습니다.

협력이 이끄는 성과는 공동체에만 국한되지 않습니다. 개인에게도 협력은 더 나은 삶과 직접적인 성장과 이익을 줍니다. 협력하는 사람은 더 많은 관점, 더 넓은 정보에 접근합니다. 갈등 해결과 관계 조정 능력이 높아지고, 장기적으로 더 많은 기회와 신뢰를 쌓게 됩니다. 무엇보다, 자신의 성장과 타인의 성장을 연결해서 생각할 수 있는 사람은 더 넓게 사고하고 지속적인 행동을 위한 더 깊은 동기를 만들어냅니다.

협력은 약자의 전략이 아닙니다. 협력은 복잡한 문제를 더 넓고 깊게 해결할 수 있는 현실적인 전략이며, 성과와 창의성, 지속 가능성을 동시에 높이는 방식입니다. 모두가 피라미드의 꼭대기를 향해 달릴 때, 누군가는 산 옆에 새로운 길을 낼 수도 있고, 누군가는 전혀 다른 산을 향해 나아갈 수도 있습니다.

진짜 창의성은 이미 주어진 트랙을 빠르게 도는 것이 아니라, 그 트랙을 의심하고 새로운 경로를 설계하는 데서 나옵니다. 대부분의 혁신적 결과물은 그렇게 만들어졌습니다. 그 길은 때로 낯설고 더뎌 보일 수 있지만, 혼자서는 도달할 수 없는 가능성으로 이어집니다.

협력은 때로 효율성이 떨어져 보이고, 누군가는 '느려터진 방식'이라고 말합니다. 하지만 협력은 속도보다 깊이를 만들고, 기대보다 확장된 결과를 가져옵니다. 내가 혼자서는 결코 도달하지 못할 세계, 그것은 바로 '함께'라는 말 속에서 가능해집니다. 협력은 나를 무디게 만드는 것이 아니라, 나를 더 깊게, 더 넓게, 더 단단하게 만듭니다.

하버드 교육학자 토니 와그너는 "21세기 인재는 뛰어난 성적보다, 협업과 혁신의 감각을 갖춘 사람"이라고 말했습니다. 따라서 협력을 통해 새로운 가능성을 상상하는 힘은 지금 우리가 선택할 수 있는 가장 중요한 능력이자, 우리가 나아가야할 미래의 방향입니다. 더 넓은 길을 여는 능력이며, 정해진 자리를 놓고 싸

우기보다 자리를 새롭게 만드는 힘입니다.

이 생각이 내 안에 자리 잡으면, 나는 더 이상 누군가의 자리를 빼앗아야만 앞으로 나아간다고 믿지 않게 됩니다. 누군가를 이겨야만 내 가능성이 증명되는 것도 아님을 알게 됩니다. 그 대신, 나와 함께하는 사람들의 다름을 기꺼이 받아들이고, 그들과 함께 파이를 키우는 방법을 찾게 됩니다. 우리는 승자와 패자를 가르지 않는 새로운 '의자놀이'를 상상할 수 있습니다. 그것은 질문이 시작입니다.

"왜 자리는 늘 부족해야 하지?"

"왜 모든 사람이 앉을 수는 없는 걸까?"

"이 게임을 바꾸는 건, 생각의 전환으로부터 시작될 수 있지 않을까?"

"다른 길은 없을까?"

세상은 언제나 고정된 파이가 아니며, 기회는 협력을 통해 확장됩니다. 세상이 늘 그래왔다는 말에 갇히지 않고, 우리는 새로운 놀이를, 새로운 규칙을, 새로운 길을 설계할 수 있습니다. 그 시작은 의자를 더 만들 수 있다는 상상, 그리고 함께 앉아보자는 제안에서 시작됩니다. 이 협력적 사고는 사회뿐 아니라 우리 자신의 막힌 문제들에 대해서도 다른 가능성을 상상하고 풀어내는 가장 중요한 생각의 뿌리입니다.

3

내 삶을
결정할 힘이 내게 있어

자기 주도적 사고

"내가 진짜 원하는 건 뭘까?"

이 질문을 스스로 던지는 사람은 이미 자신의 삶을 주도적으로 만들어가고 있습니다. 스스로 원하는 삶을 결정할 힘이 내 안에 있다고 믿기 때문입니다. 반면, '그냥 하라는 대로', '다들 하니까' 따라가는 사람은 자신의 삶을 타인의 손에 맡기고 있는 것입니다. 심리학에서는 이런 차이를 '자기결정성'의 차이라고 부릅니다.

자기결정성: '이건 내가 원해서 내가 선택한 거야!'라고 느끼는 마음

자기결정성은 사람은 태어날 때부터 정해진 모습으로만 살아가는 것이 아니라, 스스로를 만들어가는 존재라는 생각에서 출발합니다. 내가 어떤 사람으로 성장하는가는 부모, 환경, 타고난 성격만으로 결정되는 것이 아니라, 내가 어떤 경험을 하고, 그 경험을 어떻게 해석하고, 어떤 선택을 하는지에 따라 달라진다는 생각입니다. 자기결정성이 높은 사람은 '나는 어떤 사람인가?', '나는 어떤 삶을 원하는가?'와 같은 질문을 끊임없이 던지며 자신의 삶을 능동적으로 설계합니다. 이들은 타인의 시선이나 기대에 맞추기보다 자신이 원하고 자신이 의미 있다고 느끼는 것을 찾으려 노력합니다. 즉, 나는 내가 겪은 경험, 내가 내린 선택, 내가 하는 생각을 통해 조금씩, 조금씩 '나'를 만들어가고 있다는 생각, 그리고 앞으로 어떤 사람이 될지도 내가 결정할 수 있다는 생각, 다른 사람이 정해주는 삶이 아니라, '내가 의미 있다고 느끼는 삶'을 살아가고자 하는 마음, 이것이 바로 자기결성성입니다.

자기주도성: 시켜서가 아니라, 스스로 계획하고 움직이는 힘

자기결정성과 단짝이 있습니다. 그것은 바로 자기주도성입니다. 자기주도성은 내 삶의 선택과 행동을 능동적으로 계획하고, 그 결과를 책임지는 태도를 말합니다. 자기주도적인 사람은 환경이나 주변의 압력에 휘둘리지 않고, 스스로 목표를 세우고 적극적으로 실행합니다. 삶은 언제나 내가 원하는 대로 흘러가지 않습니다. 하지만 그 안에서도 무엇을 선택할 것인지, 어떤 태도를 취할 것인지는 나에게 달려있습니다. 자기주도성은 바로 그 지점에서 드러납니다. 자기주도성을 가진 사람은 문제가 생겨도 '지금 내가 할 수 있는 것은 무엇일까?'를 고민하며 문제를 해결하려는 자세를 갖추고 있습니다. 자기주도성은 단지 '내가 원하는 대로 행동하는 자유'가 아니라, 스스로 결정하고 그것에 대해 책임지고 행동하는 실천적 태도입니다.

자기결정성과 자기주도성의 관계

자기결정성과 자기주도성은 함께 성장해야 하는 두 가지 중요한 힘입니다. 자기결정성이 삶의 방향을 정하는 나침반이라면, 자기주도성은 그 방향으로 나아갈 수 있는 추진력입니다. 자기결정성 없이 자기주도성만 있으면 어디로 가야 할지 모르는 채 움직이게 되고, 자기주도성 없이 자기결정성만 있으면 꿈만 꾸고 실행하지 못하게 됩니다. 이 두 가지가 조화를 이룰 때, 진정한 자기 삶의 주인으로 성장할 수 있습니다.

실제로 스스로 선택하고 결정하는 힘이 강한 친구들은, 무언가를 할 때도 마음에서 우러나서 하게 됩니다. 그래서 더 오래 집중할 수 있고, 스스로에게 만족감과 뿌듯함을 더 많이 느끼죠.

노벨경제학상을 받은 에스테르 뒤플로는 가난한 지역의 청소년들에게 자신이 스스로 미래를 결정할 수 있다는 경험을 제공하는 프로그램을 운영했습니다. 그 결과 청소년들은 자기 삶에 대한 책임감과 목표의식을 가지게 되어 학업 성취도와 출석률이 향상되었습니다. 무엇보다 자신의 삶을 스스로 '선택할 수 있다'라는 자기효능감이 커졌습니다. 이는 '내 삶을 스스로 선택할 수 있다'는 경험과 환경이, 청소년의 생각과 행동을 바꾸는 강력한 출발점이 된다는 사실을 보여줍니다.

반대로, 삶을 스스로 선택해 본 경험이 부족한 청소년들은 자신의 삶을 주도하기보다, 외부의 지시에 따라 움직이는 데 익숙해집니다. 이런 상태는 마치 '배터리 없이 달리는 자동차'와도 같습니다. 겉보기엔 잠시 달릴 수 있어 보이지만, 스스로 움직이는 동력이 없기 때문에 곧 멈추거나 방향을 잃기 쉽습니다. 심리학자 에드워드 디시와 리처드 라이언은 사람이 주도적으로 무언가를 선택하고 조절해 본 경험이 있을 때, 학업 지속성, 동기와 몰입, 정서적 안정감이 높아진다고 설명했습니다. 반면, 언제나 누군가의 기준에 따라 움직이며 스스로 결정할 기회를 충분히 갖지 못한 사람들은 쉽게 무기력과 우울을 경험하고, 학업이나 일상에서도 지속적인 열정을 갖기 어렵습니다. 결국, '내 삶을 내가 움직일 수 있다'는 감각은 단순한 선택의 문제가 아니라, 목표를 세우고 노력할 수 있는 힘이며 실패나 시련 속에서도 쉽게 무너지지 않게 해주는 심리적 기반입니다.

통제 위치와 책임지는 삶의 태도

심리학자 줄리안 로터는 사람이 어떻게 행동하고 판단하

느냐는 그 기준이 어디에 있는가에 따라 달라진다고 보았습니다. 그는 이를 '통제 위치'라는 개념으로 설명했습니다.

'외적 통제'란, 자신의 삶이 운이나 타인, 환경에 의해 결정된다고 믿는 태도를 말합니다. 반면 '내적 통제'는, 삶의 방향이 자신의 판단과 선택에 달려있다고 믿는 태도입니다. 내적 통제를 가진 사람은 상황을 남 탓하기보다는 자신의 행동과 선택을 돌아보며 문제를 해결하려고 합니다. "내 삶은 내가 책임진다"라는 생각이 바로 내적 통제의 핵심입니다. 로터는 말합니다.

"자기 삶을 스스로 책임진다고 생각하는 사람일수록, 더 적극적이고 자율적인 태도를 갖는다."

예를 들어, 시험 성적이 좋지 않았을 때, 어떤 학생은 이렇게 말합니다.

"선생님이 너무 어렵게 냈어요."

"운이 나빴어요."

"시간이 부족했어요."

이처럼 결과에 대한 책임을 외부에 돌리는 사고방식은 외적 통제의 전형입니다. 이런 태도를 자주 반복하다 보면, 자신의 삶을 스스로 바꿔나갈 기회를 놓치게 됩니다. 반대로 어떤 학생은 이렇게 생각합니다.

"내가 개념을 덜 정확히 이해했구나. 다음엔 공부 방식을 조금 바꿔야겠다."

"이번에는 준비가 부족했어. 다음엔 더 계획적으로 해보자."

이런 태도는 스스로의 선택과 행동을 돌아보고, 더 나은 방향을 모색하려는 내적 통제의 모습입니다. 실패에서 배운다는 것은 바로 이렇게, 책임을 자신에게 묻고 다음 기회를 만들어가는 자세입니다. 이 두 가지 태도의 차이는, 결국 책임을 어디에 두느냐에 따라 갈립니다.

"그땐 다들 그랬어요", "선생님이 하라고 해서요", "다들 그런 줄 알았어요" 같은 말은 스스로 생각하고 판단하는 힘보다, 타인의 시선과 명령에 따라 사는 삶을 선택하는 말입니다. 그런 사람은 선택의 순간마다 외부를 바라보고, 실수와 실패도 타인의 몫으로 돌리게 됩니다.

반면, '내가 선택했고, 그래서 책임도 내가 져야 해'라는 생각은, 삶의 주도권을 남이 아닌 나 자신에게 돌려주는 선언입니다. 누군가가 정해준 길을 무조건 따르지 않고, 스스로의 판단으로 길을 만들어갑니다. 잘못된 선택을 하더라도, 그 안에서 배우고 방향을 다시 잡을 수 있습니다.

자기결정성과 자기주도성은 단지 자유롭게 사는 것을 의미하지 않습니다. 그것은 자신이 가고 싶은 방향을 스스로 결정하고, 그 선택이 왜 중요한지 분명히 이해하며, 그 결정에 책임을 지고 행동으로 실천하는 힘을 말합니다. 이 두 가지 힘이 자라나면, 우리는 더 이상 타인의 기대에 휘둘리지 않고, 스스로의 생각으로 판단하고 행동하는 삶, 내가 선택한 나다운 삶을 살아갈 수 있습니다.

나다운 삶의 뿌리

중요한 건, 지금 내가 하는 이 생각이 누구의 것이고, 어디에서 왔는지 돌아보는 일입니다. 남들의 기대나 기준에 맞춰 생각하고 선택하는 '의존적 사고'는 실수하지 않을 수 있는 길을 보여줍니다. 그 길은 어쩌면 더 안전하고 익숙해 보일 수도 있습니다. 하지만 그 길은, 나 아닌 누군가의 기준으로 사는 삶이며, 결국에는 '나다움'을 잃어버리게 만듭니다. '나다움'을 잃어버리면, 내가 진짜로 원하는 것이 무엇인지 알기 어려워지고, 다른 사람의 인정에 휘둘리며 살게 됩니다. 그런 삶은 다른 사람이 인정해 주지 않으면 쉽게 무너집니다.

반대로, '자기 주도적 사고'는 다른 사람의 정답을 따르지 않아 불안과 질문을 함께 안고 출발하지만, 그 과정 속에서 나를 더 깊이 이해하게 됩니다. 예상하지 못한 문제에 부닥쳐도, 스스로 판단하고 선택하며 극복해 갈 수 있는 힘이 자라납니다. 그것은 단순한 선택을 넘어, 스스로의 삶을 설계할 수 있는 힘으로 자라나고, 바로 '나다운 삶'의 뿌리가 됩니다.

나다운 삶이란, 타인의 기대나 사회의 기준이 아닌, 나 자신이 원하고 중요하고 소중하다고 생각하는 것에 따라 방향과 행동을 선택하는 삶입니다. 내가 진짜 중요하게 여기는 것을 스스로 알고, 그 생각에 따라 선택하고 책임지는 삶입니다.

세계적으로 유명한 책인 브로니 웨어의 《죽기 전에 후회하는 다섯 가지》에서 저자는 죽음을 앞둔 수많은 사람을 돌보며, 그들이 남긴 가장 큰 후회 중 하나를 이렇게 기록했습니다.

"나는 내 마음대로 살지 못하고, 다른 사람들이 기대하는 삶을 살았다."

이 말은 수많은 사람이 죽음을 앞두고 가장 많이 한 후회 1위였습니다. 내가 누구였는지조차 잊은 채, 진짜 하고 싶었던 일, 진짜 되고 싶었던 사람을 외면한 시간, '나다움'을 잃고 남의 기준에 맞춰 살아온 삶은, 결국 인생의 끝에서 가장 깊은 후회로 남았습니다.

나답지 않은 삶은 겉으로는 남들과 비슷해 보일 수 있지만, 내면은 계속해서 피로하고 공허한 상태에 빠지게 됩니다. 선택은 하는데, 그 선택이 진짜 내 것이 아닙니다. 행동은 하는데, 그 행동에 나의 목소리가 없습니다. 무언가를 이루어내도 진정으로 기쁘기보다 공허합니다. 심리학에서는 이를 '자기소외'라 부릅니다. 삶을 살고 있지만, 그 삶에 나 자신이 빠져 있는 상태를 의미합니다.

나다운 삶을 사는 사람은 어떤 선택을 할 때 스스로의 감정, 생각, 욕구를 살피기 때문에 자신에 대한 이해가 높습니다. 그래서 타인에게 덜 휘둘리고 일관된 선택과 방향을 유지할 수 있습니다. 또 실패나 비난이 있어도 '그래도 난 이걸 진심으로 원했으니까'라는 힘이 있기 때문에 쉽게 무너지지 않은 심리적 회복력이 높습니다. 결과와 상관없이 내가 진심으로 원한 선택을 했다는 감각은 불안하거나 흔들릴 때도 중심을 잡게 해주고, 내 삶에 대해 더 뿌듯한 마음을 갖게 합니다.

나답지 않은 삶은 중심이 외부에 있습니다. '사람들이 뭐라고 할까?'가 우선되기 때문에 외부의 평가와 반응에 따라 자존감이 흔들립니다. 중심이 자신이 아니라 외부이기 때문에 자기 기준이나 자기 확신을 갖기 어려워 어떤 선택이나 결정 앞에서 마음이 불안할 수밖에 없습니다. 또 문제가 생기면 '내가 하자고 한 게 아니었어'라는 태도가 생겨, 삶의 경험이 쌓여도 자신의 성장으로 이어지지 않습니다. 그것이 실패라도 자신이 선택하고 책임지는 과정을 통해 우리는 성장하기 때문입니다. 회피를 통해 우리는 성장하기 어렵습니다. 자신의 선택이 아니면 사람은 회피하게 됩니다.

나다운 삶은 내 삶의 주인공이 나인 삶입니다. 스스로 선택하고, 실수해도 다시 내 힘으로 고쳐나가는 내 생각이 깃든 삶, 내 선택과 행동에 책임지는 삶을 말합니다. 나답지 않은 삶은 내 삶의 주인공이 남입니다. 어디로 가는지도, 내가 뭘 원하는지도, 내 생각이 무언지도 모르는 삶입니다. 남들이 추천해 주는 삶을 사는 것입니다.

세상에서 우리는 항상 주인공으로만 살 수는 없습니다. 하지만 내 삶의 주인공은 내가 세울 수 있습니다. 내 삶에서 마저 주인공이 내가 아니라면 그건 너무도 비극입니다. 내 삶에서 나를 밀어내면 어느 위치에 있던 행복과 만족을 얻기 어렵습니다.

나다운 삶은 내 삶을 결정할 힘이 내게 있다는 생각에서 시작됩니다. 내가 어떤 사람이 될지 스스로 결정할 힘이 내게 있다는 것을 믿는 것이며 내가 결정한 것이 내가 원한 것이라면 설혹 결과가 좋지 않더라도 그것은 내가 원하는 나를 만드는 과정이라는 것을 믿는 것입니다. 내 삶을 결정할 힘이 내게 있다는 생각이 있어야 우리는 내 삶의 계획을 스스로 세우고 그것을 위해 노력하고 스스로 조절하는 힘을 갖게 됩니다.

여러분은 스스로에게 물을 수 있습니다.

이 결정은 실패할까 봐, 틀릴까 봐, 혹은 남들이 뭐라고 할까 봐 두려워서 선택한 것인가요? 아니면 내 마음 깊은 곳에서 진심으로 원해서 내린 결정인가요?

이 선택은 남을 따라가는 결정인가요, 아니면 지금의 내 마음과 생각을 솔직하게 반영한 결정인가요?

지금 나는 내 삶의 방향을 스스로 정하고 있나요, 아니면 누군가의 기대에 따라 끌려가고 있지는 않나요?

어떤 일이 어긋났을 때, 내 실수나 부족함이 무엇이었는지 솔직하게 돌아보고, 스스로 다시 바로잡아가려는 마음이 있나요? 아니면 누군가에게 그 탓을 돌리고 싶은 마음이 먼저 드나요?

지금 느끼는 이 불안은 내가 진심으로 원하는 삶을 위해 기꺼이 감수하고, 안아주며 견뎌내야 할 용기의 불안인가요? 아니면 다른 사람에게 어떻게 보일까 전전긍긍하며 나를 숨기고 내 마음을 억누르게 만드는, 이제는 벗어나야 할 눈치의 불안인가요?

이런 질문들은 나다운 삶을 살아갈 수 있도록 돕는 질문들입니다. 누구나 자신이 원하는 삶, 나다운 삶을 원합니다. 하지만 우리는 때로 불안하고 두려워 내 마음과 멀어진 선택을 하기도 합니다. 그런 선택이 잦아지면 내가 나를 실망시킨 기억이 쌓입니다. 그러다 결국 자신을 믿을 수 없게 됩니다. 내가 나를 믿지 못하게 되면, 결정의 순간마다 마음이 자꾸 작아지고, 무언가를 꿈꾸는 일도, 한 걸음 내딛는 일도 겁이 나기 시작합니다. 내가 나를 못마땅해하듯이 다른 사람도 나를 나쁘게 볼까 봐 전전긍긍합니다. 점점 되고 싶은 나와는 멀어집니다.

나다운 삶, 되고 싶은 나를 만들어가는 힘은, 내 삶을 결정할 힘이 내게 있다는 믿음에서 출발합니다. 그 믿음은 두렵고 불안하더라도, 내 마음에 솔직해지고, 진심으로 원하는 것이 무엇인지 스스로에게 묻고, 내가 내린 선택을 향해 한 걸음 내딛을 때마다, 조금씩, 천천히, 내 안에 쌓여갑니다. 내 삶을 결정할 수 있다는 믿음, 바로 그것이 '내가 어떤 사람인지', 그리고 '어떤 사람으로 살아가고 싶은지'를 지켜주는 가장 깊고 단단한 생각의 뿌리입니다.

다른 사람도
나만큼 최선을 다하고 있어

이해 중심 사고

　우리는 살아가며 수많은 오해를 겪습니다. 친구가 내 메시지에 답하지 않았을 때, 선생님의 말이 유난히 날카롭게 느껴졌을 때, 부모님이 내 이야기를 끝까지 들어주지 않았을 때. 그럴 때 우리는 종종 이렇게 생각합니다.

　"왜 저렇게 밖에 못해?", "좀 더 신경 쓸 수 있었던 거 아닌가?", "진심이 없었던 거야." 이런 순간 속에서, 우리는 종종 상대방의 입장보다는 자신의 실망과 억울함에 집중합니다. 그리고 생각합니다. "나는 노력했는데, 저 사람은 안 했어." 그리고 마음속에서 서서히 판단이 시작됩니다. '무심하다', '무례하다', '이기적이다'… 그러는 사이, 관계는 멀어지고, 나도 지치고, 상처는 쌓여갑니다. 하지만 그럴 때, 한 걸음 멈춰서 이렇게 질문해 볼 수 있다면 어떨까요?

"혹시 저 사람도, 그 상황에서 할 수 있는 최선을 다한 건 아닐까?"

과정을 이해하려는 관점

심리학자 브레네 브라운은 실험을 통해 하나의 질문에 어떻게 답하느냐에 따라 우리의 감정과 행동이 어떻게 달라질 수 있는지 밝혔습니다.

"사람들은 대부분, 할 수 있는 최선을 다하고 있다고 믿으십니까?"

아주 단순한 이 질문은, 우리가 세상과 사람을 어떻게 바라보는지를 가르는 기준이 됩니다. 이 질문에 "그렇다"고 대답한 사람은 타인을 좀 더 따뜻하게 대하고, 쉽게 분노하지 않으며, 관계

안에서의 실망을 덜 경험한다고 합니다.

반면, "아니다"라고 답한 사람은 타인을 쉽게 비난하고, 자신에게도 냉정하며, 관계에서 반복적으로 상처를 받는 경향을 보였습니다.

이 질문의 본질은 '결과로 사람을 판단할 것인가, 아니면 그 과정까지 헤아려볼 것인가'입니다. 이 연구는 결국 한 가지를 말해줍니다. 사람을 결과로 판단하는 대신, 그 사람이 지나온 '과정'을 이해하려는 마음이 우리를 더 나은 관계로, 더 건강한 감정으로 이끈다는 사실입니다.

"다른 사람도 나만큼 최선을 다하고 있다."라는 생각은 단지 관대하자는 뜻이 아닙니다. 그것은 사람의 행동을 결과만으로 해석하지 않고, 그가 거쳐 온 상황, 감정, 맥락, 즉 '과정 전체'를 이해하려는 관점입니다. 이런 관점은 아주 작은 순간에서부터 변화를 만들어냅니다.

"그 친구가 그렇게 말한 건, 날 무시하려는 게 아니라 요즘 스스로를 지탱하기 어려운 일이 있는 건 아닐까?"

"선생님의 반응이 날 몰라서가 아니라, 말로 다 표현하지 못하는 기대가 있었던 건 아닐까?"

"부모님의 방식이 답답하게 느껴졌지만, 그것이 그분이 배운 사랑의 방식은 아니었을까?"

이렇게 생각하기 시작하면, 감정은 가라앉고, 이해의 공간이 열립니다. 사실이 바뀌지 않아도, 그 사실을 바라보는 마음의 위치가 바뀌는 것이죠.

사람을 바라보는 시선, 생각의 전환이 실제 행동을 어떻게 바꾸는지 보여주는 대표적인 실험이 있습니다. 스탠퍼드대학교의 심리학자 캐롤 드웩 교수는 학생들에게 서로 다른 피드백을 주는 실험을 했습니다.

한 그룹은 "넌 정말 똑똑하구나"라는 식의 결과 중심 평가를 받았고, 다른 그룹은 "정말 열심히 했구나"라는 과정 중심 피드백을 받았죠. 놀랍게도, 과정 중심 피드백을 받은 학생들은 실패를 더 잘 받아들이고, 다른 사람의 노력도 쉽게 알아차리며, 실수나 실망 앞에서 비난보다 이해를 선택하는 경향을 보였습니다.

이 실험은 말해줍니다. 우리가 사람을 평가할 때 '결과'만 보느냐, 아니면 '과정'까지 보느냐에 따라 우리의 태도와 관계는 전혀 다른 방향으로 흘러간다는 것을요.

결국 "다른 사람도 나만큼 최선을 다하고 있다"라는 생각은 단순한 관용이나 인내가 아닙니다. 사실이 바뀌지 않아도, 그 사실을 바라보는 마음의 위치가 바뀌는 순간, 우리가 느끼는 감정과 행동은 완전히 달라집니다. 그 사람의 겉모습이나 말투가 아닌, 그 사람이 겪었을지도 모를 과정과 마음을 고려할 때, 우리는 판단을 멈추고 이해를 선택하게 됩니다. 그리고 그 이해의 시선은 상대를 바꾸는 힘이 되기도 합니다. 비난보다 이해와 믿음이 사람의 변화를 더 잘 이끌어냅니다. 이와 같은 변화의 가능성을 보여주는 유명한 심리학 실험이 있습니다.

한 학교에서 진행한 실험에서, 연구자들은 교사들에게 무작위로 몇몇 아이들의 이름을 건넸습니다. 그러면서 이렇게 말했죠.

"이 아이들은 특별히 잠재력이 큰 아이들입니다."

하지만 사실 이 아이들은 아무 기준 없이 무작위로 선정된 아이들이었습니다. 그러나 몇 달 뒤, 놀라운 변화가 나타났습니다. 그 아이들의 성적과 태도, 자존감이 눈에 띄게 향상된 것입니다. 심리학에서는 이를 '피그말리온 효과'라고 부릅니다. 기대가 사람을 바꾸는 힘, 믿음이 현실을 만들어내는 심리적 현상, 이것이 바로 '피그말리온 효과'입니다.

왜 이런 변화가 가능했을까요?

그 이유는 교사의 시선이 바뀌었기 때문입니다. 아이들을 잠재력이 있는 존재로 보는 순간, 교사는 그 아이에게 더 주의 깊게 귀 기울이고, 실수에도 더 너그럽게 기다려주며, "넌 할 수 있어"라는 따뜻한 신호를 자연스럽게 보내게 되었습니다. 이 실험은 우리에게 중요한 사실을 일깨워 줍니다. 사람에 대한 '믿음'은 그 사람을 대하는 우리의 태도를 바꾸고, 그 태도가 결국 그 사람의 행동과 가능성까지 변화시킬 수 있다는 것입니다.

"다른 사람도 나만큼 최선을 다하고 있다"라는 생각이 자리 잡는 순간, 우리는 상대를 더 주의 깊게 바라보게 되고, 실수에도 비난보다는 이해를 선택하게 되며, 그 사람 안에 숨어 있는 좋은 면을 끌어내려는 태도를 갖게 됩니다. 결국, 사람을 '결과'로 판단하는 것이 아니라, '과정'을 헤아리려는 시선, 잘못을 찾아내려는 태도보다, 가능성을 지켜보려는 마음이 사람의 마음에 변화를 일으키고, 관계에도 따뜻한 온기를 불어넣게 되는 것입니다. 믿는 눈빛 하나, 따뜻한 말 한마디, 기다려주는 시간 한 번이 누군가에게는 "나는 괜찮은 사람일지도 몰라"라는 믿음의 시작이 됩니다. 그리고 그 믿음이 결국 더 나은 방향으로 스스로를 바꾸려는 행동을 만들어냅니다.

최선의 방식도 다르고, 최선의 가치도 다르다

우리는 종종 '최선을 다했다'라는 말을 들으면 한 가지 모습을 떠올립니다. 치열하게 노력하고, 눈에 띄는 결과를 만들어내고, 지치면서도 포기하지 않는 모습 말이죠. 하지만 정말 그게 '최선'의 전부일까요?

누군가에게는 밤을 새워 문제를 푸는 것이 최선일 수 있지만, 또 누군가에겐 지쳐버린 자기 자신을 다독이고 멈추는 것이 최선일 수 있습니다. 누군가는 말로 명확하게 표현하는 것이 익숙하지만, 다른 누군가는 마음속에서 오랫동안 고민하고, 끝내 말 한마디를 내뱉는 데 온 힘을 다할 수도 있습니다. '최선의 방식'은 사람마다 다르기 때문에, 결과도 당연히 같을 수 없습니다. 그런데 우리는 너무 자주, 자신이 생각하는 최선의 방식을 기준 삼아 다른 사람을 판단하고, 비교하고, 실망합니다.

"그 정도밖에 안 했어?", "그게 전부야?" 이런 말 뒤에는 종종 '내가 생각하는 방식으로 했다면 더 잘할 수 있었을 텐데'라는 무의식적인 기준이 숨어 있습니다.

그뿐만이 아닙니다. 최선의 '가치'도 서로 다를 수 있습니다. 누군가는 완성도와 성과를 가장 중요하게 여기지만, 또 다른 누군가는 사람 사이의 관계, 정서적인 안정을 더 소중하게 여깁니다. 누군가는 속도와 성취를 추구하지만, 누군가는 의미와 지속 가능성을 우선합니다. 그리고 서로 다른 가치를 가진 사람은 동일한 상황 속에서도 전혀 다른 방향으로 움직입니다.

A는 "이번 프로젝트에서 뭔가를 완성하는 것"이 최선이라고 믿고, B는 "완성보다는 새로운 시도를 하는 것 자체"가 최선이라고 믿을 수 있습니다.

이 둘 모두, 자기 나름의 최선을 다하고 있는 것입니다. 단지 그들이 중요하게 여기는 것이 다를 뿐이죠. 우리가 관계에서 실망하고, 상처받고, 스스로 혹은 타인을 몰아세운 것들은 어쩌면 우리의 기준과 우리의 가치로만 상대를 판단했기 때문일 수 있습니다. 그 실망의 상당수는 다름에서 온 것이지, 무책임에서 온 것이 아닐 수 있습니다. 단지, 방식이 달랐고, 속도가 달랐고, 가치가 달랐고 목표의 우선순위가 달랐던 것일지도 모릅니다.

타인을 해석하는 방식이 곧 나를 만드는 방식

다른 사람도 나처럼 자기 자리에서 최선을 다하고 있으며, 그 최선의 기준도, 가치도 다를 수 있다는 생각이 없다면, 우리는 타인을 쉽게 판단하고 혹독하게 비난하게 됩니다. 조금만 실수해도 "왜 그것조차 못하냐"라는 말이 먼저 나가고, 상대의 사정이나 맥락은 보지 못한 채 오직 결과만을 기준으로 평가하며 일방적인 잣대를 들이대게 되죠. 그 기준은 언제나 나의 생각, 나의 방식, 나의 속도입니다. 결국 자신의 기준으로 타인을 재단하게 되고, 실망은 곧 상대의 부족함으로만 해석되며, 서로를 이해하기보다 고치려 들게 되고, 관계는 점점 멀어지고 불편해집니다.

우리는 종종 자기 자신에게는 관대하면서, 다른 사람에게는 엄격한 태도를 보입니다. 심리학에서는 이런 경향을 '기본 귀인 오류'라고 부릅니다. 예를 들어, 내가 약속에 늦었을 때는 "오늘은 교통이 너무 막혔어"라며 상황 탓을 합니다. 하지만 친구가 늦었을 때는 "원래 저 친구는 시간 개념이 없어"라며 그 사람의 성격 탓을 하죠.

이처럼 똑같은 행동인데도, 내가 했을 때와 남이 했을 때 판단 기준이 달라지는 것, 그때그때 내가 편한 쪽으로 원인을 다르게 해석하는 것이 바로 기본 귀인 오류입니다. '귀인'이란 어떤 일이 왜 일어났는지, 그 원인을 상황에 둘 것인지, 사람에게 둘 것인지를 판단하는 방식입니다. 그리고 이 오류는 우리가 의식하지 못한 채, 습관처럼 작동하는 생각의 자동 반응이기도 하지요.

왜 이런 오류가 생길까요?

첫째, 우리는 자기 자신에 대해 훨씬 더 많은 정보를 알고 있기 때문입니다. 내가 왜 늦었는지, 어떤 하루를 보냈는지는 잘 알지만, 친구가 어떤 상황이었는지는 잘 모르죠. 그래서 내 실수는 이해하고, 남의 실수는 쉽게 판단하게 됩니다.

둘째, 주의의 초점이 다르기 때문입니다. 다른 사람을 볼 때는 그 사람 자체에 초점을 맞추지만, 자기 자신을 볼 때는 자신을 둘러싼 상황에 주목하는 경향이 있습니다. 그래서 친구가 늦으면 "성의가 없어"라고 말하면서도, 내가 늦었을 땐 "지하철이 늦었어"라고 말하죠.

셋째, 우리는 결과 중심의 사회에서 살고 있습니다. 성과, 속도, 결과로 사람을 평가하다 보면, 상황의 맥락은 사라지고 '게으르다', '성의 없다' 같은 성격 평가가 앞서게 됩니다.

마지막으로, 자존감을 지키려는 마음도 작용합니다. 내 실수를 상황 탓으로 돌리면 마음이 편해지고, 남의 실수를 성격 탓으로 돌리면 내가 더 나은 사람처럼 느껴지기 때문입니다.

이런 생각의 오류를 인식하지 못하면, 우리는 타인을 오해하고, 관계에서 불필요한 갈등을 만들며, 결국 나 자신에 대해서도 왜곡된 판단을 하게 됩니다. 내 마음을 지키려는 방식이 결국 사람을 있는 그대로 바라보지 못하게 하고, 깊이 있는 관계나 내 감정조절도 가로막게 되죠.

그렇다면 어떻게 이 오류를 줄일 수 있을까요? 그 실마리를 제공해주는 것이 바로 '인지이론'입니다. 인지이론은 인간이 어떤 사건을 겪을 때, 그 사건 자체보다 그에 대한 '해석'이 감정과 행동을 만든다는 것입니다. 즉, 문제는 상황이 아니라, 그 상황을 해석하는 우리의 '생각'에 있다는 것입니다.

예를 들어, 친구에게서 답장이 늦게 왔을 때:
- "나를 무시하는 건가?"라고 해석하면 분노가 생기고,
- "혹시 무슨 일 있나?"라고 해석하면 걱정이 생기며,
- "바쁘겠지 뭐"라고 생각하면 별다른 감정 없이 지나갈 수 있습니다.

같은 상황도, 어떻게 해석하느냐에 따라 우리의 감정과 행동이 달라지는 것이죠.
어떤 상황을 '상대의 잘못'으로 해석하면 우리는 분노하게 되지만, 같은 상황을 '그럴 수 있는 상황이었겠구나'라고 해석하면 우리는 이해하고 감정을 조절할 수 있습니다. 생각이 감정을 만들고, 그 감정이 우리의 말과 행동을 바꾸는 거죠. 어떤 생각의 틀을 가졌는가는 마음의 안정과 관계를 맺는 방식에 깊이 연결되어 있습니다. 실제로 연구에 따르면, 타인의 행동을 성격이나 의

도보다는 상황, 환경, 스트레스 등의 상황적 요인으로 해석하려는 사람은 친구 관계도 더 좋고, 감정도 더 잘 조절하고, 스트레스가 생겨도 다시 회복하는 힘이 더 크다고 합니다.

누군가에게 서운한 마음이 들 때 '혹시 오늘 많이 힘들었을까?' '무슨 일이 있었던 걸까?'라고 생각해보는 순간, 감정은 가라앉고, 관계는 무너지지 않아요. 그렇게 다른 사람을 이해하려는 시선은 내 마음을 더 평온하게 만들고, 내가 누군가에게 실수했을 때도 자기 자신을 너그럽게 받아들이는 힘이 됩니다. 또 상대를 너그럽게 해석하는 방식이, 곧 자기 자신을 대하는 태도에도 영향을 미칩니다. 타인에게 관대할 줄 아는 사람은 자신에게도 덜 냉정하고, 결과가 좋지 않아도 무너지는 대신 노력한 과정을 스스로 다독이며 다시 일어설 수 있습니다.

내가 이해하려 할 때 상대도 나를 이해하려 합니다. 내가 그 사람의 가능성을 볼 때 그 사람도 내 가능성을 봅니다. 상대를 이해하려는 이런 태도는 서로에 대한 신뢰로 이어집니다. 신뢰는 내가 실수하더라도 기꺼이 내게 무슨 사정이 있을 거라고 이해받게 됩니다. 내가 좌절할 때 다시 해보자고 손을 내밀어 줍니다. 이

제껏 내가 그래왔으니까요.

우리가 어떤 시선으로 타인을 바라보느냐는 곧 나의 감정, 나의 태도, 나의 관계 방식을 결정짓는 방식이 됩니다. 사람을 해석하는 방식은 곧, 세상을 해석하는 방식이고, 세상을 해석하는 방식은 곧, 나 자신을 만들어가는 방식입니다. 다른 사람도 나만큼 최선을 다하고 있어'라는 타인을 존중하고 이해하려는 이 생각의 선택이 사람과 사람 사이의 벽을 낮추고, 나와 나 사이의 평화를 높여줍니다. 그리고 그 평화 속에서, 우리는 다시 서로를 믿고 가능성을 열 수 있습니다.

5

불편한 말도 듣고,
옳은 말도 다시 생각할 거야

비판적 사고

어떤 생각은 씨앗처럼 자랍니다. 어떤 생각은 자라지 못한 채 굳어버립니다. 어떤 생각은 나를 성장시키고, 어떤 생각은 나를 가두기도 합니다. 어떤 생각은 사람과 사람 사이를 연결하지만, 또 어떤 생각은 벽을 만듭니다. 이 차이를 만드는 것이 바로 '열린 사고'와 '비판적 사고'입니다.

열린 사고 : 못마땅한 생각의 장점을 고려하는 유연한 능력

열린 사고는 나와 다른 의견, 익숙하지 않은 관점, 낯선 아이디어에도 마음의 문을 닫지 않는 태도입니다. 성장하는 사람은 자신과 다른 의견을 두려워하지 않습니다. 오히려 적극적으로 질문합니다. 발전의 속도는 못마땅한 아이디어의 장점을 얼마나 고려하느냐에 달려있습니다. 닫힌 사고를 가진 사람은 이렇게 말합니다.

"그건 아니야."

"말도 안 되는 소리 하지 마."

"나는 틀리지 않았어."

"내 생각이 옳아"

"저 사람의 주장이 틀릴 리 없지."

열린 사고를 가진 사람은 이렇게 말합니다.

"그럴 수도 있겠네."

"왜 그렇게 생각해?"

"혹시 내가 놓친 건 없을까?"

"내 생각이 옳은 걸 어떻게 알지?"

"저 사람 주장의 근거는 뭘까?"

"혹시 내가 잘못 알고 있는 건 아닐까?"

"다른 방식으로도 볼 수 있을까?"

이처럼 질문을 두려워하지 않고 다른 의견을 탐색하는 태도는 자신의 생각을 의심할 수 있는 힘이며, 동시에 타인의 말에 귀 기울이는 용기입니다.

인지심리학(인간의 사고, 기억, 학습, 문제 해결, 언어, 지각과 같은 정신 과정이 어떻게 작동하는지를 연구하는 심리학의 한 분야)에서는 이를 '인지적 유연성'이라고 부릅니다. 새로운 정보가 들어왔을 때, 기존 생각을 완전히 무시하지도, 고집하지도 않고 조정하거나 확장할 수 있는 능력입니다. 이 능력이 뛰어난 사람은 갈등을 잘 해결하고, 새로운 환경에도 잘 적응하며, 자기 성찰 능력도 높습니다.

반면, 자신의 생각을 절대적으로 믿고 다른 의견을 거부하는 태도를 심리학에서는 '확증 편향'이라고 합니다. 이미 자신이 옳다고 믿고 있기 때문에, 새로운 정보가 들어올 틈이 없습니다. 자신이 믿는 것을 지지하는 정보만 받아들이고, 그에 반하는 내용은 무시하거나 공격하려고 합니다. 확증 편향에 빠지면, 자신이 보고 싶은 것만 보고, 듣고 싶은 것만 들으며, 결국 자기만의 생각에 갇히게 됩니다.

심리학자 밀턴 로키치는 자신의 연구에서 폐쇄적 사고를 가진 사람일수록 상대방에 대해 편견을 가지거나, 배타적으로 행동하고, 협력보다는 갈등을 선택하는 경향이 높다는 사실을 밝혀냈습니다.

심리학자 테오도르 아도르노는 특정 생각이나 권위를 무조건 옳다고 믿는 사람들이 다른 사람의 다양성을 받아들이지 못하고, 인종차별이나 편견 등과 같은 문제를 일으키기 쉽다는 점을 발견했습니다.

사회심리학자 아리에 크루글란스키의 연구에 따르면, 생각이 지나치게 경직된 사람들은 새로운 아이디어를 떠올리거나 창의적인 해결 방법을 찾는 데 어려움을 겪습니다. 이들은 불확실하거나 모호한 상황을 참지 못하고, 하나의 정답만을 고집하는 경향이 있습니다. 이처럼 자신의 생각만을 절대적인 진리로 여기고 다른 의견을 받아들이지 않는 폐쇄적 사고방식은, 타인과의 협력을 어렵게 만들고 창의적 사고를 방해하며, 편견과 차별 같은 부정적인 사회 현상을 유발할 수 있습니다.

스티브 잡스의 아이폰은 서로 다른 관점을 잘 융합한 열린 사고의 좋은 예입니다. 스티브 잡스와 그의 팀은 엔지니어(기술 중심)와 디자이너(감성 중심)의 완전히 다른 사고방식을 충돌시키는 대신, 서로의 관점을 받아들이며 세계 최초의 감성과 기술 융합 제품인 아이폰을 만들었습니다.

기술자는 이렇게 주장합니다. "기능이 중요하다, 빠르고 효율적이어야 한다."

디자이너는 이렇게 주장합니다. "사람이 느끼는 감정이 중요하다, 아름다워야 한다."

두 주장을 서로 배척하지 않고 두 생각을 모두 받아들여 융합한 결과, 아이폰은 기능도 뛰어나고, 디자인도 세련된 혁신적인 제품이 되었죠.

열린 사고는 비단 개인의 성장과 발전에만 국한된 것은 아닙니다. 우리는 간혹 비슷한 생각, 비슷한 재능, 비슷한 배경을 가진 사람이 모이면 더 나은 성과를 낼 거라는 생각을 할 수 있습니다. 하지만 연구 결과는 그렇지 않았습니다.

사회학자 리처드 플로리다는 도시의 발전과 창의성에 관

한 연구에서, 성소수자를 비롯한 다양한 사회적 배경과 정체성을 가진 다양한 구성원을 포용하는 도시일수록 경제적 성과와 창의적 혁신이 뛰어나다는 사실을 밝혔습니다. 연구 결과에 따르면, 다양성을 존중하고 이질적인 가치를 포용하는 사회적 분위기는 뛰어난 창의적 인재를 끌어들이고, 활발한 지식 교류와 혁신적인 산업 생태계를 구축했습니다. 즉, 서로 다른 의견과 가치가 열린 사고를 통해 만나면 혁신적인 아이디어가 나오고, 사회 전체가 더 풍요로워집니다.

또한, 역사적으로 동독과 서독의 평화적 통일 사례는 열린 사고의 힘을 잘 보여줍니다. 냉전 시대 동안 동독(사회주의)과 서독(자본주의)은 오랫동안 분단되어 있었습니다. 하지만 1990년, 두 나라는 서로의 경제 시스템, 정치, 문화, 생활 방식이 다름을 인정하면서도 대화와 타협, 양보를 통해 평화적으로 통일에 성공했습니다. 서로를 고치려 하지 않고, 다름을 받아들이고 융합한 방식이었기에 전쟁 없이 하나의 국가로 다시 뿌리내릴 수 있었습니다. 이것은 열린 사고가 사회적 갈등을 해결하고 더 나은 미래를 만들 수 있음을 증명하는 역사적 사례입니다.

비판적 사고 : **진짜를 가려내는 힘**

열린 사고가 다양한 생각을 받아들이는 문을 열어준다면, 비판적 사고는 그 안에서 무엇이 옳고 그른지, 사실인지 아닌지 분석하고 판단하는 힘입니다. 비판적 사고는 들리는 말, 보이는 정보, 익숙한 주장이라도 그대로 믿지 않고 한 번 더 따져보게 만듭니다.

역사적으로 비판적 사고가 부족할 때 위험한 일이 벌어졌습니다. 독일 나치 시대에는 많은 사람들이 히틀러의 선동과 유대인에 대한 왜곡된 정보를 무비판적으로 받아들였습니다. 결과적으로 수백만의 유대인을 학살하는 끔찍한 범죄를 일으켰습니다. 만약 사람들이 비판적으로 "이 정보는 맞는 걸까?", "왜 이런 주장을 할까?", "왜 특정 집단이 악마처럼 묘사되고 있는가?", "이 정보는 누구의 목소리가 빠져 있는가?", "이 주장은 누구에게 유리한가?"라고 질문할 수 있었다면, 역사는 다르게 흘렀을지 모릅니다.

2008년 미국 월가에서 일어난 버나드 매도프의 금융사기 사건도 마찬가지입니다. "엄청난 돈을 벌 수 있어요!"라는 말로 많은 사람들로부터 65조 원의 돈을 끌어 모았습니다. 그런데 사실 그건 전부 거짓이었습니다. 진짜 수익을 내지 않고 나중에 투자한 사람의 돈으로 메꾸는, 돌려막는 '사기'였죠. 그 사건은 세계 금융계를 충격에 빠뜨렸습니다. 수많은 사람들이 높은 수익에 대한 달콤한 말만 듣고 의심 없이 투자했습니다. 이때 "그 수익이 어떻게 가능한가?", "누가 이익을 보고, 누가 손해를 보게 되는가?" "지속 가능한 구조인가?"와 같은 비판적 질문을 던졌다면 피해는 훨씬 줄었을 것입니다.

또한, SNS나 유튜브 댓글 등에서 충분한 정보 없이 한 사람을 무작정 비난하는 현상도 비판적 사고가 부족할 때 생겨나는 문제입니다. 사람들은 감정에 휩쓸려 진실을 충분히 확인하지 않고 편견과 오해를 퍼뜨릴 수 있습니다. 비판적 사고는 이러한 현상을 방지할 수 있는 중요한 도구입니다.

학교에서도 단지 교과서나 선생님의 가르침을 외우기만 하는 것이 아니라, "이게 왜 중요하지?", "나는 이 내용을 어떻게 생각하지?" "이 지식이 나의 삶과 어떤 관계가 있을까?", "이걸 바라보는 다른 관점은 없을까?"라고 질문하면 공부는 '외우기'가 아니라 '이해하기'로 바뀝니다. 그런 공부는 스스로 생각하고 판단하는 힘을 키울 수 있습니다.

하버드 교육대학원에서 실시한 비판적 사고에 관한 연구가 있습니다. 연구팀은 청소년을 대상으로 비판적 사고 훈련 프로그램을 운영했습니다. 이 프로그램에서는 단순히 '지식을 외우는 것'이 아니라,

- 하나의 문제를 다양한 시선으로 보기,
- 반대 의견을 분석해 보기,
- 사실과 의견을 구분하는 연습을 했습니다.

그 결과, 비판적 사고 훈련을 받은 학생들은 창의성, 문제 해결력, 협업 능력에서 훨씬 더 높은 성과를 보였습니다.

비판적 사고란, 무조건 의심하고 부정하는 것이 아닙니다. 내가 지금 믿는 가치, 내가 내린 판단이 충분한 근거를 가지고 있는지, 감정이나 편견에 휘둘리고 있진 않은지를 질문하는 힘입니다. 자신의 생각을 점검하고 더 나은 이해를 찾으려는 태도입니

다. 이런 태도를 가진 사람은 실수를 인정할 줄 알고, 더 좋은 해결책을 찾아가며, 다양한 사람과 협력할 수 있습니다. 무엇보다, 자신의 생각도 '과정 중 하나'라는 겸손함을 가지고 있죠.

열린 사고와 비판적 사고의 균형

열린 사고와 비판적 사고는 서로를 보완합니다. 열린 사고 없이 비판만 한다면, 새로운 가능성을 보지 못하고 고정된 생각에 갇히게 됩니다. 반대로 비판적 사고 없이 모든 것을 수용한다면, 방향성을 잃고 잘못된 정보까지도 받아들이게 됩니다.

- 누군가와 의견이 다를 때, '그럴 수도 있지'라고 받아들이면서도 동시에 '왜 그렇게 생각할까?'를 따져보는 것.

- 책이나 뉴스, 유튜브를 볼 때 '이건 처음 보는 생각이네'라고 열어두면서도 '이건 어떤 근거나 논리로 설명하고 있을까?'를 생각해보는 것.

- 자신의 실수 앞에서 '그땐 그럴 수밖에 없었어'라고 이해하면서도 동시에 '내가 어떤 점을 다르게 할 수 있었을까?'를 되돌아보는 것.

모든 걸 '그럴 수도 있지'라며 비판 없이 받아들이면, 무엇이 진짜인지, 무엇을 믿어야 할지 혼란스러워집니다. 결국 자신만의 기준이 사라지고, 생각은 많지만 판단하지 못하는 사람이 됩니다. 반대로 비판적 사고만 하는 사람은, 새로운 아이디어를 받아들이거나 상상하는 데는 어려움을 겪습니다. "이건 왜 안 되는지", "이건 어떤 문제가 있는지"는 잘 설명하지만, "그럼 어떤 다른 방법이 있을까?"에는 답하기 어렵습니다. 판단은 날카로운데, 창의력과 확장성이 부족합니다.

열린 사고는 내 생각을 포기하는 태도가 아니라, 확장의 태도입니다. 비판적 사고는 의심의 도구가 아니라, 더 깊이 이해하기 위한 도구입니다. 이 둘이 함께 있을 때, 우리의 생각은 더 넓게 확장되면서도 제대로 된 방향으로 나아갑니다. 이 둘이 균형을 이룰 때, 우리는 이렇게 말할 수 있습니다.

"나는 내 생각이 맞다고 믿지만, 틀릴 수도 있다는 걸 알고 있어."

"네 생각과 나는 다르지만, 왜 그렇게 생각하는지 들어보고 싶어."

"내 생각이 옳다고 느끼지만, 내 생각이 옳다는 걸 어떻게 알지?"

"나는 이렇게 생각하지만, 다른 시선이 나를 더 똑똑하게 만들 수 있어."

"내 의견이 맞을 수도 있지만, 틀렸을 때 더 많이 배운다는 것도 알아."

"지금은 이렇게 판단하지만, 새로운 정보가 들어오면 생각은 달라질 수 있어."

이렇게 열린 마음으로 듣고, 비판적으로 판단할 때 비로소 우리는 더 나은 선택과 성장을 이루고 세상과 더 건강하게 소통할 수 있습니다. 우리가 사는 세상은 수많은 의견과 정보가 충돌하는 곳입니다. 뉴스, 댓글, 유튜브, SNS…, 그 안엔 사실과 의견, 선입견과 왜곡이 뒤섞여 있고, 누구나 자신의 말에 '정답'처럼 힘을 실어 말합니다. 게다가, 알고리즘은 우리가 보고 싶은 것만 계속 보여줍니다. 비슷한 생각만 접하다 보면, 생각은 좁아지고 믿음은 굳어집니다. 이걸 '필터 버블(내가 보고 싶은 정보만 보여주는 알고리즘 속에 갇혀 다양한 의견이나 다른 시각의 정보를 차단하는 정보의 울타리)', 즉 '정보의 울타리'라고 부릅니다. 그 안에 오래 있을수록, 우리는 다른 의견을 불편해하고, 다른 사람을 경계하게 되며, 결국 '다름'을 '틀림'으로 받아들여 생각이 자라지 못합니다.

지금처럼 다양한 생각이 충돌하는 사회는 단 하나의 정답이 존재하지 않은 문제들이 대부분입니다. 단 하나의 정답이 존재하지 않는 문제들은 대부분 새로운 접근방식, 새로운 상상력, 다양한 관점의 융합을 통해 풀어갈 수 있습니다. 우리가 어떤 문제에 부닥칠 때 열린 사고와 비판적 사고는 더 나은 선택을 할 수 있는 가장 중요한 지적 태도입니다. 열린 사고와 비판적 사고는 다른 관점을 이해하고 받아들이는 힘이고, 그 다양한 관점 속에서 더 나은 선택, 새로운 선택을 찾아내는 힘입니다. 이 두 가지 사고를 통해 우리는 질문을 멈추지 않고 남이 짜준 틀 안에서 생각하는 사람이 아니라 익숙한 틀을 넘어서 생각하고, 기존에 없던 새로운 길을 상상하거나, 더 나은 대안을 찾아낼 수 있는 창의적 문제 해결자가 될 수 있습니다.

6

나는 내 생각을
들여다볼 수 있어

메타인지

우리는 지금까지, 더 나은 선택과 넓은 가능성을 만들어내는 생각의 힘에 대해 이야기해 왔습니다. 하지만 아무리 좋은 생각을 알고 있다고 해도, 그것을 내 삶의 맥락 안에서 스스로 점검하고 적용할 수 없다면, 그 생각은 머릿속에만 머물 뿐 실질적인 변화를 만들지 못합니다. 그래서 필요한 것이 있습니다. 바로 생각을 바라보는 생각, 즉 '메타인지'입니다.

생각 위의 생각, 메타인지

메타인지는 간단히 말해 '자신의 생각을 스스로 관찰하고 조절하는 능력'입니다. 내가 지금 무슨 생각을 하고 있는지, 그 생각은 어떤 감정이나 상황에서 비롯된 것인지, 그리고 그 생각이 나에게 어떤 영향을 주고 있는지를 한 걸음 떨어져서 바라보는 힘입니다.

예를 들어, 이 책을 읽다가 "나는 너무 경쟁에 익숙해졌구나. 다른 방식으로 생각해볼 수 있을까?"라는 생각이 들었다면, 바로 그 순간이 메타인지가 작동한 순간입니다.

메타인지는 실수를 후회로 끝내지 않고 다음엔 더 나은 선택을 하도록 돕고, 감정을 통제할 수 있게 하며, 나를 더 깊이 이해하게 합니다. 하지만 이 능력은 단번에 생기지 않습니다. 반복적인 자기 질문과 생각의 점검, 그리고 스스로를 비난하지 않고 돌아보는 태도를 통해 자랍니다.

예를 들어, 친구들과 의견이 다를 때 "왜 나는 이런 상황에서 말이 잘 안 나올까?"라고 조심스럽게 자신에게 물어볼 수 있습니다. 곰곰이 떠올려 보면, "혹시 내가 말했을 때 친구들과 사이가 어색해질까 봐 걱정돼서 그런 건 아닐까?"라는 생각이 들 수도 있습니다. 이처럼 내 감정의 바닥에 있는 두려움이나 바람을 알아차리는 것이 메타인지입니다.

그리고 거기서 한 발 더 나아가, "이번에는 내 생각을 조금 더 부드럽게 말해볼 수 있을까?", "다른 의견이 있다고 해서, 꼭 관계가 어색해지는 건 아닐 수도 있어." 이렇게 자신의 생각을 하나하나 들여다보다 보면, 앞으로 같은 상황에서 조금 더 자신 있게, 그러면서도 나를 지키는 방식으로 행동할 수 있는 힘이 자랍니다.

하버드대학교의 하워드 가드너는 메타인지가 높은 사람일수록 자기 주도적 학습력이 뛰어날 뿐만 아니라 문제를 창의적으로 해결하고, 자신에게 맞는 방식으로 배우고 성장하는 힘이 크다고 말했습니다. 왜냐하면 이들은 자신의 강점과 한계를 정확히 이해하고, 그때그때 상황에 맞는 방법을 스스로 점검하고 조율할 수 있기 때문입니다.

질문은 메타인지의 시작

메타인지는 훈련을 통해 키울 수 있습니다. 그 시작은 언제나 질문입니다.

- 지금 내가 하고 있는 생각은 어디에서 비롯된 걸까?
- 내가 이 일을 어려워하는 진짜 이유는 뭘까?
- 지금 내 방식이 효과적이지 않다면, 어떤 점을 바꿔야 할까?

이런 질문은 감정에 휩쓸리기보다는 자신을 이해하고 조절할 수 있는 기반이 됩니다. 스탠퍼드대학의 캐롤 드웩은 메타인지가 높은 사람은 실패를 나의 결함이 아니라 전략의 오류로 해석한다고 말했습니다. 그래서 '나는 왜 이걸 못하지?'가 아니라, '이번에는 어떤 방식이 덜 효과적이었지?'라는 질문을 던지며 다음을 준비합니다. 이처럼 메타인지는 자신을 비난하지 않고, 대신 문제의 원인을 차분히 들여다보며 더 나은 방법을 찾아가려는 태도입니다.

'내가 틀렸어'가 아니라 '이 방법은 나에게 잘 맞지 않았어'라고 해석할 수 있는 힘, 바로 그 힘이 다시 도전할 수 있는 용기를 만들어줍니다.

감정과도 연결되는 메타인지

메타인지는 학습뿐 아니라 감정 조절에도 중요한 역할을 합니다. 화가 날 때 "왜 이렇게 화가 났지? 내가 기대했던 일이 잘 안 돼서 속상한 걸까?", 불안할 때 "무엇이 나를 이렇게 불안하게 만들고 있을까? 혹시 내가 잘 못할까 봐 걱정하고 있는 걸까?"라고 스스로 묻고 이해하려는 태도는 감정에 휘둘리지 않고 스스로를 돌보게 만듭니다.

미국의 메타인지 연구자 존 플라벨은, 메타인지 능력이 뛰어난 학생은 학업 성취뿐 아니라 대인관계에서도 뛰어난 공감과 문제해결력을 보였다고 밝혔습니다. 자기 생각과 감정을 이해할 수 있는 사람은 타인의 마음에도 더 민감하게 반응할 수 있기 때문입니다. 그리고 이렇게 자신의 감정과 생각을 들여다보는 과정은, 자연스럽게 더 깊은 자기 이해로 이어집니다. 감정을 단순히 조절하는 것을 넘어서, '나는 왜 이런 감정을 자주 느끼는 걸까?', '나는 어떤 상황에 더 예민하게 반응하지?' 같은 질문을 통해 우리는 나의 성향, 반응의 패턴, 내면의 욕구까지 마주하게 되기 때문입니다. 이처럼 메타인지는 단지 생각을 조절하는 기술이 아니라, 자신을 알아가는 깊은 탐색의 출발점이 될 수 있습니다.

나를 아는 힘, 자기 이해

자기 이해는 내가 어떤 사람인지, 무엇에 끌리고 무엇에 지치는지를 아는 힘입니다. "나는 왜 이런 상황에서 긴장할까?", "나는 어떤 사람과 함께 있을 때 가장 편안하지?" 이런 질문은 나를 깊이 들여다보는 출발점입니다.

심리학자 대니얼 골먼은 자기 이해가 높은 사람일수록 감정을 잘 다스릴 수 있고, 타인의 감정에도 공감하는 감성 지능이 높다고 말합니다. 또한 자기 이해는 삶의 방향을 스스로 설계하는 힘과도 연결됩니다. 나에게 맞는 환경과 사람, 방식, 일을 찾을 수 있는 기준이 되기 때문입니다.

이해하지 못한 자신은 쉽게 흔들리고 비교하게 됩니다. 반면 자신을 잘 아는 사람은 실패를 해도 다시 시작할 수 있는 힘이 있습니다. 예를 들어, '나는 목표가 없을 때 쉽게 무기력해지는구나"라는 것을 아는 사람은, 작은 목표라도 세워서 스스로 동기를 만들어냅니다.

메타인지와 자기 이해, 두 개의 나침반

메타인지는 내 생각을 조절하고 이끄는 힘, 자기 이해는 나라는 사람을 깊이 들여다보는 힘입니다. 하나는 전략의 방향을, 다른 하나는 삶의 방향을 안내합니다. 이 두 능력은 서로를 강화합니다. 메타인지가 높은 사람은 자기 이해에 도달하기 쉽고, 자기 이해가 깊은 사람은 더 효과적인 메타인지 전략을 선택할 수 있습니다. 이 나침반을 작동시키는 연료는 질문입니다.

- 지금 내 마음을 가장 크게 움직이는 감정은 무엇일까?
- 이 감정은 어떤 생각이나 필요에서 비롯된 걸까?
- 나는 지금 어떤 방향을 원하고 있을까?

이런 질문을 통해 우리는 더는 즉자적으로 반응하지 않고, 스스로 생각하고 판단하고 선택하는 사람이 됩니다. 또 삶이 흔들릴 때, 다시 중심을 찾게 해주는 마음의 복원력입니다. 실수하거나 실패하더라도, 나를 탓하기보다 그 안에서 배움을 발견하고 감정에 휘둘리기보다 감정의 근원을 이해하며 나를 회복시킬 수 있는 힘입니다. 이 두 가지 힘이 자랄 때 우리는 비로소, '나다운 생각'이 뿌리내리는 순간을 만나게 됩니다.

'나다운 생각'이란, 남이 정해준 기준이나 기대에 휘둘리지 않고, 자신의 감정과 가치, 믿음을 바탕으로 스스로 판단하고 선택하는 태도입니다. 그것은 단순한 고집이나 반항이 아니라, 나를 이해하고, 나만의 기준을 세우며, 내 삶의 방향을 주체적으로 선택하려는 마음에서 출발합니다.

'나다운 생각'에는 세 가지 중요한 힘이 깃들어 있습니다. 첫째는 자기 이해입니다. 내가 무엇을 좋아하고, 어떤 상황에서 힘들어하는지, 내가 어떤 일을 할 때 가장 몰입하게 되는지, 어떤 상황에서 위축되거나 지치는지를 아는 힘입니다. 스스로를 잘 이해할수록, 진짜 나에게 맞는 길을 찾을 수 있습니다. 둘째는 자기 기준입니다. 남이 정해준 틀이나 정답이 아닌, 내가 옳다고 믿는 판단의 기준을 세우는 힘입니다. 이 기준은 막연한 감정이 아니라, "나는 이런 가치를 소중히 여긴다"는 마음에서 나옵니다. 예를 들어, 어떤 사람은 정직을, 어떤 사람은 배려를, 또 어떤 사람은 도전을 가장 중요하게 생각합니다. 이처럼 자기 기준은 타인의 기대보다, 내가 정말 중요하다고 느끼는 가치의 우선순위가 내 선택과 판단의 기준이 될 때, 나는 비로소 남이 아닌 나를 중심에 두고 결정할 수 있게 됩니다. 내가 소중하게 여기는 가치는 곧 나의 일부이자 나를 설명하는 언어입니다. 그래서 그 가치를 따르는 선택은 곧 내가 누구인지, 어떤 삶을 살고 싶은지를 말해주는 길이 됩니다. 셋째는 주체적 선택입니다. 남과 비교하거나 따라가지 않고, 내 삶의 방향을 스스로 선택하는 태도입니다. 남들이 가는 길을 나도 선택할 수 있습니다. 하지만 그 길을 왜 가는지 스스로 답할 수 있다면, 그 선택은 흔들리지 않습니다. 남들과 같은 길을 걷더라도, 그 선택의 이유가 내 안에 있다면, 그것은 분명히 내 길입니다.

'나다운 생각'은 나를 가장 깊이 존중하는 사고 방식입니다. 우리가 누군가를 진심으로 아낄 때 "이렇게 해"라고 강요하지 않고, "넌 어떻게 하고 싶어?"라고 물어보듯이, 나 자신에게도 그렇게 묻는 태도입니다. 설령 그 생각이 완벽하지 않더라도 괜찮다고, 스스로 판단하고 선택할 수 있도록 나를 믿고 기다려주는 것,

그게 바로 '나다운 생각'입니다. 나다운 생각은 내 안에서 시작된 질문, 솔직한 감정을 이해하고 보듬으며 스스로 선택하고, 그 선택을 지켜내려는 용기에서 자라납니다. 선택이 완벽해서 멋진 게 아니라, 내가 선택했기에 의미 있고 멋지다는 생각, 그것이 '나다운 생각'의 핵심입니다.

그렇게 자라난 나다운 생각의 뿌리는 흔들리는 순간에도 나를 붙잡아주고, 비교와 기대 속에서도 나를 지켜주는 힘이 됩니다. 그때 우리는 더 이상 '정해진 답'을 따르지 않고 내가 진심으로 원하는 삶을 향해, 천천히, 단단히, 내가 되고 싶은 나로 자라갑니다.

에필로그

생각을 선택하는 사람

어떤 생각은 나를 작게 만들고, 어떤 생각은 나를 움츠리게 하고, 또 어떤 생각은 나를 자꾸 남과 비교하게 만듭니다. 하지만, 어떤 생각은 나를 다시 일어서게 만들고, 더 멀리 보게 하고, 나 자신과 세상을 믿게 만듭니다.

생각은 고정된 것이 아닙니다. 선택할 수 있는 방향입니다. 지금 이 순간에도 '이건 꼭 이래야 해'라는 생각을 멈추고 '다른 방식은 없을까?'라고 물을 수 있습니다. 그 질문이 생각을 바꾸고, 그 생각이 행동을 바꾸고, 그 행동이 결국 삶의 방향을 바꿉니다.

'생각은 그냥 떠오르는 것'이라고 여기는 순간, 우리는 그 생각에 끌려가게 됩니다. 하지만 생각은 선택할 수 있습니다. 그리고 그 선택은 내가 어떤 사람이 될지, 어디로 갈지를 바꾸는 출발점이 됩니다. 여러분은 이제 어떤 생각이 자신을 더 나은 방향으로 이끌지 스스로 판단할 수 있게 되었습니다. 내 생각을 점검하고 질문하며, 나다운 나, 더 나은 나를 향해 나아가는 길을 선택할 수 있는 힘이 여러분 안에 있습니다.

　이제부터가 진짜 시작입니다. 삶은 끊임없이 생각을 선택하는 과정입니다. 때로는 흔들리고, 때로는 두렵더라도, 스스로 선택한 생각을 믿고 한 걸음씩 나아가 보세요. 생각을 선택하는 사람, 그것이 바로 여러분의 새로운 이름입니다.